Inhalt

Führen mit Emotionen - transformationale Führung setzt auf Charisma und Begeisterung

Kernthesen

Beitrag

Fallbeispiele

Weiterführende Literatur

Impressum

Führen mit Emotionen - transformationale Führung setzt auf Charisma und Begeisterung

Robert Reuter

Kernthesen

- Im Dschungel immer neuer Theorien zur Unternehmensführung gilt das Modell der transformationalen Führung als anerkannt und etabliert.
- Transformationale Führung setzt auf positive Emotionen.
- Die Führungskraft muss bei den Geführten Begeisterung und Freude wecken, so dass ihr Respekt, Loyalität und Bewunderung

entgegengebracht werden.

Beitrag

Dauerbrenner der Führungsforschung

Schon seit sechs Jahrzehnten wird an der Frage geforscht, welche Führungskonzepte für Unternehmen und für die Zufriedenheit der Geführten die besten sind. Eine abschließende Antwort steht bis heute aus, stattdessen werden immer wieder neue Führungsstile diskutiert. Die Zahl der durch die Wissenschaft geisternden Konzepte wächst stetig. Führungsforscher schlagen daher vor, sich stärker an solche Führungskonzepte zu halten, die schon seit längerer Zeit ihre Haltbarkeit bewiesen haben. Ein solches Führungskonzept ist die 1978 erstmalig so beschriebene transaktionale Führung, die die Grundlage für die später entwickelte transformationale Führung schaffte. (1), (7)

Sachlicher Austausch und emotionale Bindung

Vielen Konzepten aus der Führungsforschung hängt der Vorwurf an, in der Praxis nicht umsetzbar zu sein. Einige Kritiker behaupten sogar, dass selten so viel Mühe für so wenig umsetzbare Resultate verschwendet wurde. Zu jenen Erklärungen erfolgreichen Führungsverhaltens, die sich im Wust der Deutungsmuster dennoch durchgesetzt haben, gehört die Differenzierung zwischen transaktionaler und transformationaler Führung.

Unter transaktionaler Führung versteht die Forschung einen Führungsstil, der auf einem Austauschverhältnis (also auf einer Transaktion) zwischen Vorgesetztem und Geführtem beruht. Die Führungskraft gibt dabei Ziele vor, die der Geführte anstreben soll und für deren Erreichung er eine Belohnung erhält - in Form von Lob und Anerkennung oder als Geldleistung. Zur transaktionalen Führung gehören aber genauso die Kritik und der Tadel, wenn der Geführte den Ansprüchen an seine Arbeit nicht genügt.

Die transformationale Führung geht über diesen auf sachlicher Zielvereinbarung beruhenden "Vertrag" zwischen Führungskraft und Mitarbeiter hinaus. Hier kommt eine emotionale Seite zum Tragen, die im Wesentlichen daraus besteht, dass die Geführten gegenüber dem Vorgesetzten Respekt, Loyalität, Bewunderung und Zuneigung empfinden, was sich in der Leistungsbereitschaft niederschlägt.

Transformational heißt dieses Art der Führung darum, weil sie das auf sachlicher Pflichterfüllung beruhende Verhältnis auf eine emotionale Ebene transformiert. Dies ist zum Beispiel der Fall, wenn es der Führungskraft gelingt, Begeisterung zu wecken, ein Team auf ein gemeinsames Ziel einzuschwören und dabei allen Beteiligten ein Höchstmaß an Motivation zu entlocken. Als ein transformational führender Chef darf beispielsweise der verstorbene Apple-Chef Steve Jobs gelten, dem es gelang, durch Charisma und Zielstrebigkeit ein ganzes Unternehmen auf seine Visionen und Ideen einzuschwören.

Das Charisma der Führungskraft bestimmt bei transformationaler Führung, wie viel Vertrauen und Respekt ihr entgegengebracht werden. Hierauf gründet sich das Maß, mit dem die Führungskraft die Geführten emotionalisieren, das heißt begeistern und auf gemeinsame Ziele verpflichten kann. Die Forschung spricht hierbei von inspirierender Motivation, die sich dann einstellt, wenn der Führende mit seinen Visionen andere mitreißen kann.

Sowohl die transaktionale als auch die transformationale Führung postulieren einen universellen Gültigkeitsanspruch und behaupten so, dass es einen besten Weg der Führung gibt. Die auf Emotionen zwischen Führer und Geführtem basierende transformationale Führung gilt dabei als überlegen. Diese Sicht steht allerdings in starkem Widerspruch zu zahlreichen situativen Führungstheorien, die davon ausgehen, dass sich Führung stets an die jeweilige Situation anzupassen hat - zum Beispiel an die Aufgaben und die Mitarbeiterqualifikation. (1), (7)

Führen mit Emotionen

Obwohl das Modell transformationaler Führung schon über 30 Jahre alt ist, ist es doch nach wie vor hoch aktuell. Nach Ansicht der Forschung gründen sich moderne Führungsansätze immer stärker darauf, die Menschen zu begeistern, sie zu inspirieren und ihnen Sinn zu vermitteln. Führung durch Emotionen wird dabei jedoch nicht mehr nur als transformational bezeichnet. Die Führungsforschung spricht heute von "charismatischer" und "inspirierender Führung". All diesen Modellen gemeinsam ist, dass sie die einst von Max Weber beschriebenen anderen Führungsarten "legale Führung" und "traditionale Führung" durch die Einführung emotionaler Komponenten ablösen.

Die transformationale oder auch emotionale Führung bietet damit auch eine Antwort auf die Frage nach der Motivierbarkeit von Mitarbeitern. Die Motivationsforschung unterscheidet bekanntlich zwischen intrinsischer und extrinsischer Motivation.

Die Arbeitsfreude ist extrinsisch motiviert, wenn der Mitarbeiter für viel Leistung viel Geld bekommt. Intrinsisch ist sie, wenn der Geführte an seiner Arbeit selbst Freude hat und aus ihr Zufriedenheit und Glück schöpfen kann. Transformationale Führung kommt beiden Motivationsarten entgegen: Der Mitarbeiter trachtet danach, seinem emotionalen Verhältnis zum Chef entsprechend gute Leistungen zu erbringen, die eben nicht durch Geld, sondern durch die Zufriedenheit des Vorgesetzten abgegolten werden. Externe Belohnungen gibt es daher auch bei transformationaler Führung, sie sind jedoch immateriell.

Untersucht werden müsste nun freilich eine Unternehmenssituation, in der wenig gezahlt wird, dafür aber um so mehr Begeisterung von der Führungskraft ausgeht. Zu erwarten wäre hier die Entdeckung eines Break-even, an dem die Qualität der Führung nicht mehr ausreicht, um materielle Nachteile der Geführten auszugleichen.

Gleichwohl gilt der transformationale Führungsstil nach heutigem Erkenntnisstand als die effizienteste Art der Führung. Eine große Anzahl von Studien zeigt, wie sich ein emotionales Verhältnis zwischen Chef und Mitarbeiter positiv auf den Unternehmenserfolg auswirkt. Neue Studien am Institut für Führung und Personalmanagement der Universität St. Gallen weisen darauf hin, dass dieser

Führungsstil auch eine positive Auswirkung auf das ganze Unternehmen hat. (3), (6)

Trends

Virtuelle Führung nimmt zu

Führung und Projektsteuerung in global aufgestellten Unternehmen spielen sich heute quer über alle Kontinente und Zeitzonen ab. Hieraus erwächst eine zunehmende Fern-Führung, bei der sich Angestellter und Chef nur noch per Webcam sehen. Führung mit Emotionen, wie sie oben beschrieben ist, ist angesichts des fehlenden persönlichen Kontakts nur noch schwerlich möglich. Eine neue Studie zeigt zudem, dass den meisten Menschen der direkte Kontakt zum Vorgesetzten wichtig ist. Als Nachteil virtueller Führung sehen die Studienteilnehmer neben der hohen Abhängigkeit vom Funktionieren der Technik vor allem die erschwerte persönliche Kommunikation. (4)

Fallbeispiele

Besserer Führungsstil durch Feedback

Ricoh, Spezialist für digitale Bürokommunikation mit Hauptsitz in Hannover, hat für das Projekt "180-Grad-Feedback und transformationale Führung" einen Preis erhalten. Unter 180-Grad-Feedback versteht das Unternehmen eine Führungskultur, bei der sich der Vorgesetzte nicht nur von den ihm Vorgesetzten, sondern auch von den Geführten bewerten lassen muss. Das Ziel des Projekts ist es, die Führungskräfte von Ricoh Deutschland bei ihrer persönlichen Weiterentwicklung zu unterstützen. (2)

Führungskräfte nutzen Neurowissenschaft

Die Führungsforschung greift immer stärker auf die Ergebnisse der Neurowissenschaften zurück. Diese haben vier Grundbedürfnisse ermittelt, die von besonderer Bedeutung für die Personalführung sind: das Bindungsbedürfnis, das Grundbedürfnis nach Orientierung und Kontrolle, das Grundbedürfnis nach Selbstwerterhöhung und -schutz sowie das Grundbedürfnis nach Lustgewinn und Unlustvermeidung. Diese neu erforschten

Grundbedürfnisse und die daraus gewonnenen Erkenntnisse dienen als Grundlage für die Entwicklung der Anforderungen an die Führungskraft. (5)

Weiterführende Literatur

(1) Welcher Führungsstil führt zum Erfolg?
aus ZFO - Zeitschrift Führung und Organisation 03/2010, S.148

(2) So verbessert Feedback den Führungsstil nachhaltig
aus wirtschaft&weiterbildung, Vol. 20, Heft 02/2012, S. 34-36

(3) Führen mit Emotionen
aus IO Management Nr. 2 vom 22.03.2012, Seiten 11 - 15

(4) Der virtuelle Chef
aus - Personalwirtschaft, Heft 08/2012, S. 58-59

(5) Neuroleadership - Führungskräfte in der Verantwortung
aus www.powernews.org Meldung vom 16.10.2012 - 11:00

(6) Guter Chef, gute Verkäufer
aus www.powernews.org Meldung vom 16.10.2012 - 11:00

(7) "Führungskräfte können von BVB-Trainer Jürgen Klopp lernen"
aus VDI NR. 20 VOM 18.05.2012 SEITE 24

Impressum

Führen mit Emotionen - transformationale Führung setzt auf Charisma und Begeisterung

Bibliografische Information der deutschen Nationalbibliothek

Die Deutsche Nationalbibliothek verzeichnet diese Publikation in der deutschen Nationalbibliografie; detaillierte bibliografische Daten sind im Internet über http://dnb.d-nb.de abrufbar.

ISBN: 978-3-7379-0263-2

© 2015 GBI-Genios Deutsche Wirtschaftsdatenbank GmbH, Freischützstraße 96, 81927 München, www.genios.de

Alle Rechte vorbehalten. Dieses Werk ist einschließlich aller seiner Teile – z.B. Texte, Tabellen und Grafiken - urheberrechtlich geschützt. Jede Verwertung außerhalb der Grenzen des Urheberrechtsgesetzes bedarf der vorherigen Zustimmung des Verlags. Dies gilt insbesondere auch für auszugsweise Nachdrucke, fotomechanische

Vervielfältigungen (Fotokopie/Mikroskopie), Übersetzungen, Auswertungen durch Datenbanken oder ähnliche Einrichtungen und die Einspeicherung und Verarbeitung in elektronischen Systemen.